JEFFDEYOLIGHT

CONTENTS

ISBN 0-634-07811-9

HAL•LEONARD®
CORPORATION
7777 W. BLUEMOUND RD. P.O. BOX 13819 MILWAUKEE, WI 53213

Visit Hal Leonard Online at
www.halleonard.com

RAY OF LIGHT

Words and Music by
JEFF DEYO

Moderate Rock

1st time only: (You have be - come ___ my ___ ray ___ of ___ light.) ___

mf

With pedal

R.H.   *R.H.*

There was dark -

A5/F
A5
A5/F
- ness in my soul, till I turned my heart toward You.
A5
A5/F
A5
Now I wor - ship at Your feet, as I bold -
A5/F
A5/E
Dsus2
- ly come un - to Your throne to bless Your ho - ly Name.
A5
A5/F
A5
I was emp - ty in my heart, till You filled
There was blind - ness in my eyes, till You touched
5fr

A5/F
A5
5fr
A5/F
me with Your pow'r.
Now I praise You more and more,
me with Your hand.
Now a pas - sion burns with - in
A5
5fr
A5/F
A5/E
un - til on that day,
with no more wait we'll
to be swept a - way
in Your em - brace,
for -
D5
5fr
A5
5fr
see You face to face.
ev - er and a day.
You have be - come
C5
3fr
D5
5fr
F5
my ray of light,
when I knew my sun was fad -

A5
C5
D5
ing. You are the source of all my soul; You're the pure
F5
A5
C5
fire pen - e - trat - ing. You have be - come my ray of light.
D5
1
2
A5
A5/F
D5
G5

I lift up my heart ___ to ___ You. ___

D5
5fr
G5
3fr
A5
5fr
I lift up my hands to You.
I give all my praise
A5/F
D5
5fr
G5
3fr
to You,
Je - sus.
A5
5fr
A5/F
D5
5fr
I lift up my life to You.
I lift up this song
G5
3fr
A5
5fr
A5/F
to You.
I give all my praise to You,

oh. _____

You have be - come _____ my _____ ray _____ of _____ light, _____ when I knew _____ my _____ sun _____ was fad -

ing. You are the source _____ of _____ all _____ my _____ soul; _____ You're the pure _____

_____ fire _____ pen - e - trat - ing. You have be - come _____ my _____ ray _____ of _____ light, _____

D5
5fr
F5
A5
5fr
when I knew my sun was fad - ing. You are the source
C5
3fr
D5
5fr
1
F5
of all my soul; You're the pure fire pen - e - trat -
2
F5
A5
5fr
C5
3fr
fire pen - e - trat - ing. You have be - come my ray of light.
D5
5fr
N.C.

BLESS THE LORD

Words and Music by
JEFF DEYO

Heavy Rock, in 2

For Your beau-ty, _____ for Your good - ness, _____

G
Am
Fmaj7
and Your wis - dom, awe - some God,
praise the Lord,
C
G
F(add9)
Am
O my soul, praise the Lord.
For Your pow - er,
Fmaj7
C
G
for Your hon - or,
and Your
Am
Fmaj7
C
G
splen - dor, might - y God,
praise the Lord,
O my soul, praise the

F(add9) C G F(add9)
Lord. Praise the Lord, O my soul, praise the Lord. I will
C Dm7 C
wor - ship You. I will bless Your Name for -
Gm7 C Dm7
ev - er. I will wor - ship You. Bless the Lord,
C G F(add9) C G
To Coda
O my soul, bless the Lord. Bless the Lord, O my soul, bless the

F(add9) ... **Am** ... **Fmaj7**

Lord. For Your kind - ness, for Your fa -

C ... **G** ... **Am**

- vor, _____ for Your mer - cy, gra - cious

Fmaj7 ... **C** ... **G** ... **F(add9)**

One, thank the Lord ___ O my soul, thank the Lord. For Your fi -

Am ... **Fmaj7** ... **C**

- re, for Your test - ing, _____

G
Am
Fmaj7
and Your Spir - it, Ho - ly One, thank the Lord,
C
G
F(add9)
C
G
O my soul, thank the Lord. Thank the Lord, O my soul, thank the Lord.
F(add9)
D.S. al Coda
I will
CODA
F(add9)
Lord. Bless the Lord,
C
G
F(add9)
C
G
O my soul. Bless the Lord, O my soul, bless the

F(add9)

Am

Lord. _____ For Your suf - f'ring, _____

Fmaj7/C

C/G

G/B

for Your an - guish, _____ and Your sor -

Am

Fmaj7/C

C

G

- row, hum - ble King, ___ Bless the Lord, ___ O my soul, bless the

F(add9)

C

G

Fmaj7

Lord. Bless the Lord, ___ O my soul, bless the Lord. For Your

Am
Fmaj7
vic - t'ry,
(vic - t'ry,)
for Your tri -
C
G
- umph,
and You'll
Am
F
D5
5fr
soon come and reign o - ver us.
C
And I will wor - ship

You. I will bless Your Name for - ev - er. ___ I will

wor - ship You. Bless the Lord, ___ O my soul, bless the

Lord. I will wor - ship You. I will

bless Your name for - ev - er. ___ I will wor - ship

Dm7
C
G
You. Bless the Lord, O my soul, bless the
Fmaj7
C
G
Lord. Bless the Lord, O my soul, bless the
Fmaj7
C
G
Lord. Bless the Lord, O my soul.
Fmaj7
C
G
Bless the Lord, O my soul.

Bless the Lord, ___ O my soul. ___

Bless the Lord, ___ O my soul, bless the Lord.

AS I LIFT YOU UP

Words and Music by
JEFF DEYO

Moderately

I'm reach - ing up, _____ and I'm reach - ing out _____

to be with You, Lord; _ I wan - na be with You now. _____ There's noth - ing quite like _____

_ Your voice in my ear; ___ it's gen - tle and soft, _____ you know, it's hon - est and real. _

I o-pen my hands ___ and I o-pen my heart. ___

As I lift You up from the earth, ___ won't You

draw me in? ___ Won't You pull me close? ___ As I lift Your name ___ to the heav-

- ens, won't You call me home? ___ Won't You call ev - 'ry - one ___ to your throne? ___

(Da da da da, ___ da da da da, ___ da da da da, ___

da da, da da.) If it is true, ___ then how can it be: ___

The thing You want most ___ from me is in - ti - ma - cy? ___

I try in my pow'r ___ to give You e - nough; ___ but first what You ask ___ is that I give You my love. ___ So I o-pen my hands ___

and I' o-pen my heart. _____ As I lift You up from the earth, __

___ won't You draw me in? ___ Won't You pull me close? __ As I

lift Your name __ to the heav - ens, won't You call me home? __ Won't You

Fm
E♭
B♭m7
Fm
E♭
call ev - 'ry - one to Your throne? Won't You call ev - 'ry - one to Your throne?
B♭
D♭
B♭
Come make me all that You want me to be, my prais - es
D♭
B♭
G♭sus2
work - ing that all would be - lieve. Change us for all of e - ter - ni - ty.
A♭(add2)
N.C.
B♭
F
As I lift You up from the earth, won't You

Cm7 Gm F B♭
draw me in? Won't You pull me close? As I lift Your name to the heav-
F Cm7 1 Gm F
- ens, won't You call me home? Won't You call ev - 'ry - one? As I
B♭ 2 Gm F Cm7
lift You up from the earth, call ev - 'ry - one to Your throne? Won't You
Gm F A♭(add2) E♭/G B♭
call ev - 'ry - one to Your throne? (Da da da da, da da da da.)

I FEAR YOU

Words and Music by
JEFF DEYO

Moderately

(Oh, __ Lord.)

I hum - ble my - self __

be - fore __ You, and I lay my - self down __

F C/E Dm Fsus F C/E
be - low You. In rev - erence I bow be - neath You, my
G5 3fr Fsus Dm B♭sus2
Lord. And I draw near to You
feel like a child
F C Dm B♭sus2
for - ev - er, my Sav - ior, my God,
a - round You, as I let all my praise
F C Dm B♭sus2 F C/E
my Treas - ure. I stand here in awe, in - debt - ed to
sur - round You. And I fall on my face, as - tound - ed, my

G/B G B♭sus2 N.C. F5 C5
You, my Lord.
Lord, my Lord.
'Cause I fear You, my God;
B♭5 F5 C5 B♭5
and I fear You, my King. And I
F5 C5 B♭5 Gm7
trust You with my soul, and I love You with all my heart,
1
C5 Gm7 C5
and I fear You with all my life. I
3fr

2
C5
3fr
D.S.
3
C5
3fr
Gm7
'Cause I
and I fear You with all my life.
C5
3fr
F
C
B♭(add2)/F
3fr
F
C
B♭(add2)
3fr
F
C
B♭(add2)
3fr
Gm
3fr
C5
3fr
F
C
B♭(add2)
3fr
I fear You, my God; and I

fear You, _____ my King. And I trust You _____ with my ___

soul, _____ and I love You with all my heart, ___ and I

fear You with all my life. _____ You hold the o - ceans with -

in Your hand. _____ You count the gal - ax - ies. _____

Bb5

You know the mys - ter - ies of _____ this world. _____ You see what no one

C5   Bb5   C5

sees. _____ Your hand can span _ the whole u - ni - verse. _____

Bb5   C5   Bb5

You gave the stars _ their fame. _____ You know my deep - est of se -

C5   G5   C5

- crets, Lord, _____ but still, You have called _ me by name;

still, You have called me by name. _____ And I

fear You, _____ my _____ God; _____ and I fear You, _____ my _____ King. _____

_____ And I trust You _____ with my _____ soul, _____ and I

love You with all my heart. _____ And I fear You, _____ my _____ God; _____

2

Gm7 · C5 · Gm7

love You with all my heart, ___ and I fear You with all my life. ___

C5 · F5 · C5 · Bb5

___ And I fear You. _____ Yes, I

F5 · C5 · Bb5 · F5 · C5

trust You. _____ And I love You. _____

Bb5 · F5 · C5 · Bb5
N.C. · N.C. · N.C.

___ Oh. _____

WE COME TO YOUR THRONE WITH WEEPING

Words and Music by
JEFF DEYO

Lyrics:

We come to ___ Your throne with weep - ing; ___ we come to ___ Your throne with sor - row ___ and shame. We

Asus2

come to ___ Your throne with weep - ing; ___ we ___ come. _____

D(add4) (add9)

Asus2

Cmaj7(no3rd)

We come to ___ Your throne with mourn - ing; ___ we

Asus2

Dm(add2)/F

D5

come to ___ Your throne with des - per - ate hearts. _____ We

Asus2

Cmaj7(no3rd)

D(add4)

come to ___ Your throne with mourn - ing; ___ we ___ come. _____

A
Em7
We come to You; we
Gsus2
D5
5fr
cry out for mer - cy, and we turn from our sins. We
A
Em7
Gsus2
come to You; hum - ble and bro - ken, we
D5
5fr
A
Em7
fall on our knees. We come to You;

To Coda
Gsus2
D5
A5
we come.
C(add9)
D(add4)
Dsus2
We
A5
Cmaj7(no3rd)
A5
come to Your throne with weep - ing; we come to Your throne with
Dm(add2)/F
D5
Asus2
Cmaj7(no3rd)
sor - row and shame. We come to Your throne with weep - ing; we

D.S. al Coda

come. _____

We

CODA

We come _____ (We come, ___ oh.) ___

with des - per - ate _____ hearts,

(We come, oh.) _____

with

D(add4)
(add9)
D(add4)
Asus2
3fr
des - per - ate hearts.
We come to Your throne for -
Cmaj7(no3rd)
Asus2
Dm(add2)/F
D5
5fr
giv - en; we come to Your throne by the blood of the Lamb. We
Asus2
Cmaj7(no3rd)
1
D(add4)
come to Your throne for - giv - en; we come.
2
D(add4)
We come. We

come to You; we cry out for mer - cy and we
come to You; we thank You for mer - cy and the

turn from __ our sins. __ We come to You;
free - dom __ to live. __ We come to

hum - ble __ and bro - ken, __ we fall on __ our knees. __ We

You; oh, __ we're sing - ing __ and shout - ing; we'll

dance just __ for You, __ Lord. _____

We come __ to You. __ We dance just for You. (We thank __ You, we praise __ You, we love __ You, __

Lord Je - sus.) (We thank __ You, Lord Je - sus.)

I LOVE YOU

Words and Music by
JEFF DEYO

Slowly

With pedal

No one moves me like You. ___ No one loves me like You. ___ No one
knows me like You. ___ No one fills me like You. ___ No one

cares like You do, ___ no one. ___ No one moves me like You. ___ No one
holds like You do, ___ no one. ___ No one knows me like You. ___ No one

loves me like You. ___ No one cares like You do, ___ no one. ___
fills me like You. ___ No one holds like You do, ___ no one. ___

B
F#m9
just want to be where You want me to be; I
A(add2)
Esus2
just want to stay with You. I love You. I
Bm7(add4)
1
E/A
Esus2
need You. I praise You. I love You.
Bm7(add4)
E/A
Spoken: Jesus...

No one praise You. I love You, __ Je - sus. __ I

love You. I bless You. I thank You. I love You. __

__ Jesus

Spoken lyric ad lib.: Jesus...

we come... *to worship You.* I

just want to be ___ where You want ___ me ___ to be, ___ and I

just want to say ___ what You want ___ me ___ to say. ___ I just want to be ___ who You want ___

___ me ___ to be; ___ I just want Your way ___ in me. ___

Oh, I love You. I

Bm7(add4)
E/A
Esus2
need You. I praise You. I love You, Je - sus. I
love You. I bless You. I thank You. I love You.
Na ooh, na ooh, na ooh.
Repeat ad lib.
Last Time
Na ooh,

SACRIFICE OF PRAISE
(As I Worship)

Words and Music by
JEFF DEYO

Moderate Rock

As I seek __ You, let me find __ You, as I search for __ You __ __ with all __ my heart. __ As I praise __ You, let me know __ You; let me love Your __ ways __ and trust __ Your heart. __

Don't let my heart __
Don't let my heart __

C5　　　　　　　　　G　　　　　　　　　D5

_ be bur - dened;　　　don't let my words _ be in - sin - cere. _
_ de - ceive _ me;　　　don't let me turn _ from Your de - sires. _

Em　　　　　　　　　C5　　　　　　　　　Gsus2

_ Fill me to o - ver - flow - ing. _____　(1., 2.) As　I
_ Show me the way _ to free - dom. _____　(D.S.) As　I

D5　　　　　　　　　Gsus2　　　　　　　　　Bm7

wor - ship, _　　　　as I glor - i - fy _ Your name, _
bow down, _　　　　as I mag - ni - fy _ Your name, _

Gsus2　　　　　　　　　D/F#　　　　　　　　1
　　　　　　　　　　　　　　　　　　　　　　Am(add2)

_ won't You make me _ a sac - ri - fice of praise? _

Lyrics:

sac - ri - fice __ of praise? __

sac - ri - fice __ of praise, __ a sac - ri - fice __ of praise? __

Make me an in - stru - ment __

of pure de - sign, ___ full - y o - be - di - ent, ___ full - y re - fined. ___ full - y re - fined. _____

As   I
As   I

wor - ship, ___   as I glor - i - fy ___ Your name, ___
bow down, ___   as I mag - ni - fy ___ Your name, ___

won't You make me ___ a sac - ri - fice ___ of praise? ___

sac - ri - fice ___ of praise, ___   a

lov - er of ___ Your ways, ___ a sac - ri - fice __ of __ praise? ___

A sac - ri - fice __ of __ praise. _____

TAKE ME TO YOU

Words and Music by JEFF DEYO,
ROB HAWKINS and JEREMY McCOY

Moderately slow

How long must we wait to see Your face? How long must we stand here call-ing out for You?

Em7 Csus2 Em7 Csus2 Em7 Csus2
3fr
D(add4) G Am7
How far is
How loud must we
Csus2 G
heav - en from the earth?
cry for You to come?
How
How
Am7 Csus2 G/B Am7(add4)
far is the dis - tance from my heart to Yours?
still must we be to know Your pres - ence?
Right

Am   G/B   Csus2

now, take me a - way ___ from ___ here, ___ a - way from the cares ___ of this

D   Em7   Am   G/B

world. Right here, come sweep me off ___ my ___ feet, ___

Csus2   D   Dsus2   D   Em7

in - to Your o - pen arms. Take

Csus2   Em(add9)/B   G(add2)   G   D/F#   Em7

me ___ to You, Lord. Take

Csus2
Em(add9)/B
G(add2)
G
1
D/F♯
Em7
me to You, Lord.
Csus2
Em7
Csus2
Em7
Csus2
D(add4)
2
D/F♯
Em7
Csus2
Em(add9)/B
Lord. Take me, take
G(add2)
G
D/F♯
Em7
Csus2
Em(add9)/B
me, take me to

G(add2)
G
D/F♯
Em7
Csus2
3fr
You, Lord.
Vocal ad lib.:
Take me, take me...
Dsus2
Take me...
Am
Right now, take me a-way

G/B
Csus2
D
Em7
3fr
from here, a - way from the cares of this world. Right
Am
G/B
Csus2
here, come sweep me off my feet, in - to Your o - pen
D
Dsus2
D
N.C.
Csus2
Em(add9)/B
arms. Take me to
G(add2)
G
D/F♯
Em7
Csus2
Em(add9)/B
You, Lord. Take me to

You, _____ Lord. Take me, _____ take _____

me, _____ take me _____ to

You, _____ Lord.

YOUR NAME IS HOLY, HOLY

Words and Music by
JEFF DEYO

Andante

You're glo-ri-ous, ___ mag-ni-fi-cent, ___ }
You're beau-ti-ful, ___ un-touch-a-ble, ___ }
Your name is Ho-

-ly, Ho-ly. _____ { You're won-der-ful, ___ spec-ta-cu-lar, ___ }
{ You're mar-ve-lous, _ ex-tra-va-gant, _ }

Your name is ho - ly, ho - ly. _____ I searched the world _

to { find __ true __ love __ }
   { know __ real __ joy __ } and now __ I __ know __ Your __ name. _____

I find my { free - dom }
          { heal - ing } in __ Your name, __ Je -

- sus. _____ I find my { pow - er }
                                      { pas - sion } in __ the name _

of Je - sus. _____ Your name is { truth, _ / hope, _

Your name is { life, _____ / peace, _____ } Your name is ho - ly, ho - ly. _____

Ho - ly. ____

____ Ho - ly, Ho - ly. ____

I searched the world ____ to know ____ real ____ love ____

____ and now ____ I ____ know ____ Your name. ____

Vocals ad lib.

I find my heal - ing in ___ Your name, ___ Je -

- sus. ___ I find my pas - sion in ___ the name ___

of Je - sus. _____ Your name is hope, _

Your name is peace, ___ Your name is ho - ly, ho - ly.

Your name is truth, ___ Your name is life, ___ Your name is ho -

- ly, ho - ly. Ho - ly, ho - ly. Ho - ly, ho - ly. ___

Vocals ad lib.

KEEP MY HEART

Words and Music by
JEFF DEYO

Nothing left but these piec - es ___ and noth-ing here ex-cept
No one here but Your spir - it. ___ No one here to hear

my bro-ken life. ___ All I of-fer is all ___ I have. ___ I
just how I feel. ___ Just to know how I long ___ for You ___ to

G

A   **Asus**   **Bm**

lay my life __ be - neath   Your throne. __ }
teach me just __ to trust   Your hand. __ }

Keep my heart; __   I give it to You, __

G(add2)   **A**   **D**   **Asus**

__ Lord.   As I of - fer mine, __   will You give me Yours? __   Keep my heart __

Bm   **G(add2)**   **A**

__ 'til the clo - sing of __ time __   and I'll wor - ship You __   for all of my life. __

D   **A**   **G**   **D**

__   Keep my heart, __   keep my heart. __

I don't know if I ___ told ___ You ___ how I long for Your heart. I've just got to be ___ like ___ You. ___

I've just got to be ___ Yours. ___ Oh! ___

I don't know if I ___ told ___ You ___

how I long for Your ___ heart.

I've just got to be ___ like ___ You. ___

I've just got to be ___ Yours. ___   Keep my heart; ___

___ I give it to ___ You, ___ Lord.   As I of-fer mine, ___ will you give me Yours? ___

___ Keep my heart ___ 'til the clo-sing of ___ time ___ and I'll wor-ship You ___

___ for all of my life. ___ Keep my heart; ___ ___   Keep my heart ___ for all of my life. _____ Keep my heart _____ for all of my

life. Keep my heart, _____ keep my heart. _____

Keep my heart, _____

keep my heart.

SHOW THE WONDER

Words and Music by JEFF DEYO
and JEREMY McCOY

What I want is to be
What I want is to be

Abm ⬚4fr   Cb ⬚   Ebm ⬚6fr

known by You, Lord, __ to be fa - mous in Your eyes. __
rich in Your love, __ to be jad - ed in Your ways. __

Db/F ⬚   Abm ⬚4fr   Cb ⬚

I don't care if the world knows my name, __ for it's You I long to please. __
I could gain all the wealth in the world, __ but it can't com - pare to You. __

Cb(add2) ⬚4fr   Db ⬚   Cb(add2) ⬚4fr

__ To ___ please ___ You, _ to ___ ho - nor You; __ this
__ There's _ noth - ing, __ there's no ___ one __ to

Abm ⬚4fr   Gb/Bb ⬚6fr   Ebm ⬚6fr   Cb(add2) ⬚4fr   Dbsus ⬚4fr

one thing I ____ de - sire. __ }
take the place _ of You. __ } Show the won - der of Your love. _

Give me all that I can take. ___ Show Your

pow - er in my heart. ___ Make me the ap - ple of ___ Your eye. _

Show me You. ___ Show me You. _

Show me You. _

Show __ me ___ You. ___

There's __

noth - ing, __ there's __ no _____ one, __ to take the place __ of You. __

With pedal

There's _ noth - ing, _ there's _ no _____ one _____ to

take the place _ of You. ____ Oh! ___

Guitar solo

Show the
won - der of Your love. ___ Give me all that I can take. ___

Show Your pow - er in my heart. ___ Make me the

ap - ple of ___ Your eye. ___ Show the

Make me the ap - ple of ___ Your eye. ___ Make me the

ap - ple of ___ Your eye. ___ Show me You. ___

Show me You. ___

Show me You. ___

I AM YOURS FOREVER

Words and Music by JEFF DEYO
and ROB HAWKINS

Driving beat

For - ev - er, I'm

Yours.

(2nd time only) Na, na, na, na, na,

na, na, na. ___ Na, na, na, na, na, na, na, na. ___

C
You are the Lord of all and still You came to serve.

Fm/C
You spoke and there was life

and yet You hear my words.

C
You are the an-cient one, still You are ev-er new.

Fm/C
You walked up-on the earth

but there is none like

Csus2
You. ___

Csus2/B♭　**Csus2/A♭**

There is no one else. ___　　　There is none like You. ___

Csus2/B♭　**Csus2/A♭**

___　None who can com - pare. ___

C

You are the King of Life　　and yet You gave Your own.
You are the Lord of all　　and still You come to serve.

Fm/C　　　　　　　　　　　　　　　　　　　**C**

You fed the mul - ti - tudes　　and still You died a - lone. ___　　You are the blame - less one
You spoke and there was life　　and yet You hear my words. ___　　You are the an - cient one,

but still You took my place.
still You are ev - er new.

My sin drove in the nails
You walked up - on the earth

but now I give You praise. __
but there is none like You. __

I shout of Your great name. __
There is no one else. __

I give You all my praise. __
There is none like You. __

I live to wor-ship You. __
None who can com - pare. __

I am Yours _____

D5
5fr
F5
for - ev - er.
I
C5
3fr
D5
5fr
am Yours
for - ev - er
and
1
B♭
C5
3fr
ev - er.
Fm/C
2
B♭
ev - er
I

C5   D5

am   Yours _____   for - ev - er. _____

F5   C5

____   I   am   Yours _____   for -

D5   B♭   C5

ev - er ____ and ____ ev -   er.

Fm/C

Instrumental

There is none like You. ___

There is no one else. ___   There is none like You. ___

Fm/B♭
A♭
4fr
None who can com - pare.
There is none like You.
C/G
C/E
A♭
4fr
Fm
Dm7♭5
There is no one else.
C/G
C/E
C
There is none like You.
Noth - ing can com -
Fm/A♭
Fm(maj7)
Dm7♭5
C
pare.
I am Yours

Dm   F

for - ev - er. _____ I

C   Dm

am   Yours _____   for - ev - er ___ and

B♭   C/E

ev - er. ___ I am   Yours _____   for -

Dm   F   C

ev - er. _____   I am   Yours _____

for - ev - er ___ and ___ ev -

er. ___

THESE HANDS

Words and Music by
JEFF DEYO

Lively

G   Dsus   D   Em7   C(add2)

G   D/F#   A   Asus   C(add2)

G/C   G(add2)/D   G/C

The sun and moon ___ and ev-'ry ___ star ___ are there to show ___
My ev-'ry move, ___ my ev-'ry ___ breath ___ were meant to show ___ point ___
A ten-der thought, ___ a car-ing ___ deed, ___ a gift of love ___

G(add2)/D   G/C   G(add2)/D

___ me who ___ You are. ___ I can be sure ___ Your fin-ger-prints ___
___ to Your great-ness. ___ There's noth-ing made ___ that was not made ___
___ to one ___ in need. ___ Bring-ing hon-est acts ___ of wor-

1
Am
C(add2)
2, 3
Am
are ev - 'ry - where.
to show Your pow'r.
ship to You, Lord.
B
G
Dsus
These hands were made to praise You.
Em7
C(add2)
G
These lips were made to lift You up. I give to
D/F#
A
C(add2)
You my life in wor - ship.

These feet _ were made to serve ___ You. This tongue _ to

sing of Your ___ great ___ love. I give ___ to

You my _ life _ in wor - ship. _____

CODA

you my _ life _ in wor - ship. _____

Lift-ing ho - ly hands __ in wor - ship __ to You, __

__ Lord. God, __ re - ceive __ this hum - ble sac -

- ri - fice __ of praise. ___

These hands __ were made to praise __ You. These lips __ were made to lift ___ You ___ up. I give ___ to You my ___ life ___ in wor-

- ship. _____ These feet ___ were

made to serve ___ You. This tongue ___ to sing of Your ___ great ___ love.

I give ___ to You my ___ life ___ in wor-

1
A
C(add2)
- ship.
2
A
C(add2)
- ship. Well, I give my life to You.
A
C(add2)
My life to You in
A
C
G
wor - ship Oh, yeah.

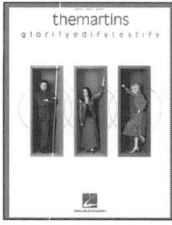

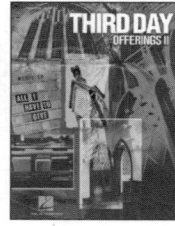